SOUVENIRS

DU

SÉJOUR A ROUEN

DE

MM. LAFFITTE ET ARAGO

EN 1839.

EXTRAITS DU JOURNAL DE ROUEN.

ROUEN.

IMPRIMERIE DE D. BRIÈRE,

RUE SAINT-LO, N° 7.

1839.

SOUVENIRS

DU SÉJOUR A ROUEN

DE

MM. J. LAFFITTE ET ARAGO

EN 1859.

Journal du 22 Mars.

Arrivée de M. Laffitte à Rouen.

MM. Laffitte et Arago et Mme Laffitte sont arrivés hier, après midi, dans notre ville, et sont descendus à l'Hôtel-d'Angleterre.

Vers huit heures du soir, une députation de près de trois cents électeurs s'est rendue auprès de MM. Laffitte et Arago pour saluer leur bienvenue. M. Laffitte, avec beaucoup d'effusion, a exprimé sa reconnaissance pour la ville de Rouen, qui, par deux fois, l'a conservé à la représentation nationale.

A la sortie du spectacle, un orchestre improvisé est venu donner aux illustres hôtes de la ville de Rouen une sérénade qui s'est ouverte et qui s'est close par la *Marseillaise*, aux acclamations d'une foule innombrable répandue sur le Cours-Boïeldieu et sur le quai en face de l'Hôtel-d'Angleterre.

M. Laffitte s'étant montré au balcon pour manifester sa gratitude de cette démonstration publique, les cris de *vive Laffitte !* associés à ceux de *vive Arago !* ont forcé l'honorable M. Arago de venir prendre sa part de l'ovation qui s'adressait à tous deux.

MM. Laffitte et Arago doivent employer la journée d'aujourd'hui à visiter divers établissemens industriels, tant à Rouen que dans la vallée de Déville.

Ce soir, à sept heures et demie, ainsi que nous l'avons déjà annoncé, il y aura aux Consuls une réunion des électeurs du troisième collége, auxquels M. Laffitte a désiré adresser en personne ses remercîmens. Mais M. Laffitte n'étant pas seulement le député du troisième collége, il est inutile de dire que les électeurs des deux autres colléges de Rouen se trouvent naturellement et de droit convoqués aussi à cette réunion, dans laquelle M. Laffitte et M. Arago, suivant le vœu qui en a été exprimé hier à ce dernier, converseront avec les électeurs des questions actuelles les plus intéressantes pour notre localité et pour la France en général.

C'est demain qu'aura lieu au Cirque de Saint-Sever le banquet offert à M. Laffitte par les citoyens de Rouen. Dès hier matin, ont s'est vu forcé de clore la liste de souscriptions, qui excédait déjà les limites de contenance de la salle. Il paraît même que, pour trouver place à tous les convives dont la souscription a été acceptée, on sera obligé de dresser des tables dans les galeries.

Tout annonce qu'il n'y aura jamais eu dans notre ville de démonstration civique plus imposante que celle dont la présence de M. Laffitte est maintenant à-la-fois l'occasion et l'objet.

Journal du 25 Mars.

Réception de MM. Laffitte et Arago par les Electeurs de Rouen.

La journée d'hier et la réunion qui l'a terminée laisseront dans l'esprit des Rouennais un long et honorable souvenir. Jamais, en effet, notre ville n'avait été témoin d'une manifestation politique aussi unanime et aussi imposante, et l'on a pu acquérir la preuve que les sentimens de liberté ont de profondes racines dans le sein de notre population.

La matinée et une partie de la journée ont été consacrées par MM. Laffitte et Arago à visiter les beaux établissemens de filature et de tissage mécanique de M. Vaussard, à Bondeville, et la fabrique d'indienne de M. Girard, à Déville. Il était difficile d'offrir à nos hôtes de meilleurs spécimens de l'industrie rouennaise. Aussi ont-ils adressé à MM. Vaussard et Girard les éloges les plus expressifs et les mieux mérités. Avant de se retirer, M. Laffitte a fait remettre une somme de cinq cents francs aux ouvriers de chacun des établissemens. D'après l'enthousiasme manifesté par ces braves gens pendant la visite des honorables députés, il n'était pas besoin de cette marque de munificence pour qu'ils s'associassent aux sentimens de l'immense majorité de la population rouennaise.

A cinq heures, M. Laffitte a réuni à l'Hôtel-d'Angleterre les membres des bureaux du troisième collége et plusieurs citoyens de Rouen. Puis on s'est rendu à l'assemblée générale convoquée à la salle de la Bourse-Couverte. Des lettres d'invitation avaient été adressées à tous les électeurs du troisième collége, et, en outre, beaucoup de citoyens appartenant aux autres colléges de Rouen, ainsi que des non-électeurs, remplissaient la salle et l'escalier conduisant aux salles d'en haut, en face duquel une estrade avait été préparée.

MM. Laffitte et Arago ayant pris place entre les présidens des deux sections et au milieu des membres des bureaux, M. Fercoq, après avoir donné l'ordre d'ouvrir les portes et de laisser entrer toutes les personnes qui se présentaient, a rappelé en peu de mots le but de la réunion, et M. Laffitte a pris la parole en ces termes :

Messieurs les électeurs,

L'accueil que je reçois de vous me touche jusqu'au fond de l'ame. Je renonce à vous exprimer dans toute leur étendue mes sympathies, mon dévoûment, ma reconnaissance profonde.

Vous pouviez, Messieurs, choisir votre mandataire dans vos propres rangs, ou parmi d'éminentes illustrations dont les noms sont l'honneur de notre cause et le glorieux patrimoine de la France. Vous le pouviez, et vos suffrages sont venus me chercher ! Je suis fier de cet honneur, mais je le rapporte tout entier aux principes politiques auxquels j'ai consacré ma vie ; principes que la voix du peuple, cette autre voix de Dieu, a proclamés en 1789 et en 1830, au milieu de la foudre et des éclairs. (Nombreux applaudissemens.)

Oui, Messieurs, si vous m'avez choisi, c'est parce que vous me connaissez, parce que vous savez que je ne démentirai jamais mes antécédens politiques , que toujours je resterai fidèle à la cause du pays. J'en ai pris l'engagement avec vous, lorsque pour la première fois vous m'avez honoré de votre confiance, et avec moi depuis bien plus long-tems encore.

En effet, mes principes furent toujours les mêmes. Ils sont, comme je vous le disais en 1834, ceux qu'adopta ma jeunesse, ceux vers lesquels se sont dirigés tous mes efforts, ceux enfin que je saluai avec toute la joie d'une satisfaction long-tems attendue, lorsque la France se leva radieuse au soleil de juillet et rattacha noblement 1789 à 1830. (Nouveaux applaudissemens.)

Que sont devenus ces jours de gloire et de bonheur qui furent accueillis par l'admiration et les espérances du monde ? Ce n'est pas nous, Messieurs, qui avons eu la coupable pensée des lois de septembre, des lois de disjonction, de déportation et de non-révélation.

Fidèles jusqu'au bout à leurs habitudes de mensonge, des ministres indignes de leur misssion nous ont accusé de vouloir la guerre, l'anarchie, des révolutions nouvelles.

La France électorale vient de répondre à ces imputations. Il était tems, car les électeurs ont aussi leur responsabilité.

Nous sommes des révolutionnaires! Oui, amis de la révolution faite afin de prévenir de nouvelles révolutions. Le pays veut la paix et *nous voulons la guerre*! Le pays ne veut pas la guerre, mais il ne veut pas la paix à tout prix (de toutes parts : Non ! non !) ; il veut que ceux qui ont l'honneur de le représenter ne compromettent pas sa dignité. (Bravos prolongés.)

« La considération est aussi nécessaire aux états qu'aux
» individus. Personne ne veut être méprisé. Les indivi-
» dus le pourraient à l'abri des lois qui protègent la fai-
» blesse ; mais un état méprisé est bientôt effacé de la
» carte. » (Oui ! oui !)

Au pouvoir, hors du pouvoir, j'ai tenu le même langage. J'ai dit et répété aux acclamations de la France :

« Le principe de *non-intervention* ne sera pas violé. *La France ne permettra pas qu'il soit violé!* Ni guerre de principes, ni guerre de conquêtes, *mais la guerre plutôt que l'abandon de nos principes.* » (Vifs applaudissemens.)

Avons-nous eu la guerre pour cela? Non, que le pouvoir s'appuie sur le pays, et nous n'aurons rien à redouter de l'étranger. (Marques unanimes d'adhésion.)

Ministres nouveaux, chargés de la défense de la France, voulez-vous la servir et servir en même temsla couronne? Rappelez-vous ce que je n'ai cessé de dire à vos devanciers : « Le contrat est obligatoire pour celui qui reçoit, comme pour celui qui donne : *sinon, non!* disent les Aragonais.

J'ai vécu, Messieurs, sous bien des gouvernemens. Quelle que fût mon opinion sur chacun d'eux, je leur ai rendu justice. Nous devons, ai-je dit, à la révolution, les progrès de notre agriculture; à l'empire, l'essor merveilleux de notre industrie ; à la restauration, l'établissement du crédit public. Mais, en apportant sa riche dot d'avantages matériels, aucun de ces gouvernemens n'a suivi la voie ouverte par l'immortelle révolution de 1789. Aussi, tous, ils ont été renversés ou abandonnés par la France.

Que des esprits superficiels l'accusent de mobilité, tous ces changemens attesteront, au contraire, son inébranlable persévérance dans le but qu'elle s'est proposé. Ce but, Messieurs, n'est pas l'établissement de telle ou telle forme de gouvernement, question secondaire dans le mécanisme social; mais bien et avant tout la possession complète et définitive des garanties et des avantages moraux et matériels dont la réalisation est pour nous une question de vie ou de mort.

Ce qui altère parmi nous la vérité du gouvernement représentatif, c'est la faiblesse de la chambre élective, telle que doit la produire un système qui ne reconnaît de droits qu'à la richesse, à l'exclusion de la capacité ; qui peuple la chambre de fonctionnaires publics ; qui, séparant les intérêts au lieu de les réunir, crée une scission légale entre les villes et les campagnes et encore entre les fractions d'une même ville, constituées en centres électoraux, système qui aboutit à faire prévaloir l'esprit de localité sur l'esprit public, à fonder sur l'intrigue et la corruption la prédominance des médiocrités, à faire, enfin, que tout soit représenté dans le pays excepté le pays lui-même. (Applaudissemens.)

Notre salut est donc une réforme électorale, conforme à l'esprit de la charte de 1830, afin de créer dans la chambre une majorité nationale, autrement que par des coalitions de minorités. Il faut la restitution au jury de la plénitude de la juridiction que cette charte lui avait expressément attribuée. Ce sont là les conditions d'un concours que je ne mettrai jamais au prix de transactions personnelles, dans la crainte que le pays n'en paie les frais.

Depuis long-tems, Messieurs, il ne s'agit que de questions de personnes ; il faut enfin qu'elles s'effacent pour donner la parole aux intérêts généraux. Nous avons à introduire dans nos finances l'ordre et l'économie ; à organiser le travail, à propager les effets du crédit, à perfectionner nos voies de communication, à étendre au dehors les débouchés de notre industrie, au dedans la consommation de nos produits. Pour cela, l'ordre et la paix sont nécessaires. Aussi, vous et moi, tous les travailleurs de tous les rangs dont se compose la grande démocratie française, sommes-nous les véritables amis de l'ordre et de la paix. Mais pour conserver l'ordre et la paix, il ne suffit pas du simulacre d'une représentation nationale ; dans l'intérêt même de la puissance du trône, il faut que le pays soit réellement représenté par le pays.

Telle a été, Messieurs, je n'en doute pas, la pensée fondamentale du choix que vous venez de faire, tel est aussi le sens de la grande et solennelle manifestation par laquelle la France vient de constater son admirable persévérance dans les principes de 1789. Et cette manifestation eût été plus complète et plus décisive avec un système électoral plus large et plus rationnel, moins favorable aux influences délétères de la corruption, aux obscures menées de l'intrigue, si puissantes dans les petites localités. (Bravos.)

1174 électeurs du deuxième arrondissement de Paris ont méconnu ces vérités pratiques, mais 1126 ne les ont pas oubliées.

Ce résultat, purement local, n'implique heureusement aucune opposition entre vos opinions et celles des électeurs de la capitale, qui, s'ils avaient été consultés en masse, auraient donné un majorité immense à tous les candidats de l'opposition. Il n'a même tenu qu'à moi d'obtenir un nouveau témoignage de l'imposante majorité du sixième arrondissement, qui, en 1837, m'ouvrit les portes de la chambre, à la voix de mon illustre ami M. Arago. (Bravos prolongés. Vive M. Arago !) Mais j'ai préféré à une victoire assurée la chance d'une lutte plus utile à la cause publique, comptant sur vous, Messieurs, et sur ma conscience, pour me dédommager. (Nouveaux bravos.)

A Messieurs les électeurs de Rouen ! à votre digne président ! à vous tous, Messieurs, dont je reçois des témoignages si honorables d'estime ! à vous à jamais ! (Explosion d'applaudissemens.)

Après M. Laffitte, M. Lefort-Gonssollin, négociant, a exposé les principaux griefs de l'industrie et du commerce rouennais.

Il a surtout insisté sur les questions des sucres et des houilles, sur la nécessité de favoriser les exportations, sur les projets d'améliorations de la Haute et de la Basse-Seine, sur le nouveau mode de jaugeage des bateaux à vapeur, sur la construction des chemins de fer, sur la répartition des impôts, les ventes à l'encan, la législation sur les faillites et les abus de comptes de retour.

Nous ne terminerons pas cet exposé, dit M. Lefort, sans offrir l'hommage de nos sincères remercîmens au célèbre académicien qui a bien voulu se joindre à notre député.

Salut à cet hôte illustre ! qu'il soit le bienvenu parmi nous ! Sa présence dans cette enceinte est de bon augure :

elle nous promet un défenseur de plus, et nous osons compter sur le secours de son immense talent toutes les fois que l'occasion se présentera de contribuer à la prospérité de notre commerce et de notre industrie. (Applaudissemens unanimes.)

M. Laffitte a aussitôt répliqué qu'il lui serait d'autant plus facile de remplir le mandat des citoyens de Rouen, que, sur la plupart des questions traitées en leur nom, ses convictions étaient de tout point conformes aux pensées exprimées par le précédent orateur.

A toutes les époques, a-t-il ajouté, mes efforts ont tendu à faciliter à la population industrieuse les moyens de travail. Ainsi, dès 1825, je n'ai pas hésité, passez-moi l'expression, à jeter ma popularité par la fenêtre pour soutenir une mesure ministérielle qui devait amener la diminution du prix de l'argent. Depuis, en toutes les occasions, j'ai appuyé dans la chambre tout ce qui pouvait conduire à ce résultat, et par la fondation de la Caisse Générale du commerce et de l'industrie, j'ai contribué à rendre, pour le commerce de Paris, le taux de l'escompte plus modéré.

Je persisterai toujours dans la même voie, et l'on me verra combattre de tout mon pouvoir pour la réalisation d'économies sérieuses et profitables dans le budget ; je suis convaincu qu'en développant d'une manière plus large et plus patriotique l'institution de la garde nationale, il serait facile d'obtenir sur la dépense de l'armée, sans diminuer la force effective, une réduction de plus de cinquante millions.

Quant aux questions spéciales qui viennent d'être exposées avec tant de lucidité, je ne les oublierai pas, et je me ferai un devoir, chaque fois que l'occasion s'en présentera, de les développer en présence de la chambre ou auprès du gouvernement, de m'éclairer de tous les documens que vous voudrez bien me transmettre. (Bravos.)

Un électeur, M. Visinet, s'adressant à M. Arago, a rappelé que ce savant illustre était, non pas seulement le député de Perpignan et l'ancien député de Paris, mais le représentant de la France entière; qu'à ce titre les Rouennais étaient en droit de lui demander de soutenir leurs intérêts spéciaux en ce qu'ils avaient de commun avec l'intérêt général; qu'on espérait donc que M. Arago hâterait l'exécution des projets d'amélioration de la Haute et de la Basse-Seine, ainsi que du chemin de fer et des grands travaux qui doivent permettre au Havre de jouir bientôt d'une navigation à vapeur transatlantique, semblable à celle que les Anglais ont déjà organisée de Bristol et Liverpool à New-York. Il a terminé en invitant M. Arago à presser l'achèvement aux frais de l'état du plus beau monument de l'architecture gothique, l'église de Saint-Ouen.

M. Arago a répondu à-peu-près en ces termes:

Permettez-moi de vous exprimer combien je suis heureux de l'honneur que vous avez conféré à mon honorable ami. Vous avez prouvé que le Rouen de 1839 était encore le Rouen de 1830, et que vous n'avez pas oublié les hommes du jour, les hommes du danger, pour les hommes du lendemain. (Non! non! Applaudissemens.) En le choisissant pour votre mandataire, vous avez fait réellement une double élection, car, aussi bien que lui, je me considérerai désormais comme le représentant de la ville de Rouen. (Nouveaux applaudissemens.)

Et ce ne sera pas pour moi un médiocre honneur. Car, quelle province plus que la Normandie a fourni son contingent parmi les illustrations de la France? Dans les arts, Le Poussin n'est-il pas l'égal des plus grands peintres de l'Italie? Dans la poésie, Malherbe n'a-t-il pas ouvert la carrière que le génie de Corneille a si fort étendue? Dans les sciences, ne comptez-vous point parmi vos compatriotes Fontenelle, Laplace, Fresnel et cet infortuné Dulong dont nous pleurons la perte récente?

Si l'on a dit avec raison que *noblesse oblige*, nulle province plus que la vôtre n'a de grands devoirs à remplir.

Il nous est impossible de retracer la brillante improvisation qui a suivi cet exorde ; mais dans son discours, qui a duré plus d'une demi-heure, M. Arago a constamment captivé au plus haut point l'attention et excité la sympathie de son auditoire. Tour-à-tour, il a entremêlé de piquantes anecdotes et d'ingénieux aperçus les considérations politiques et économiques les plus élevées.

Ce qui n'est pas moins remarquable, c'est le bon sens et l'esprit d'à-propos dont l'assemblée a donné de nombreuses preuves, en applaudissant avec plus de chaleur encore les hautes pensées et les idées générales exprimées par l'orateur, que les passages se rapportant directement aux intérêts spéciaux de la localité.

Quant à l'achèvement de l'église Saint-Ouen, M. Arago a déclaré qu'il partageait la vive admiration des Français et des étrangers pour ce monument national ; qu'il savait qu'un plan de restauration du portail était fait et approuvé par le conseil des bâtimens civils ; que ce plan lui aurait été communiqué ce jour même s'il eût été à Paris ; que, dans le cas où le ministère le laisserait dans les cartons, il prenait l'engagement de faire, avec son collègue M. de Sade, une proposition formelle à la chambre des députés ; que la ville de Rouen pouvait donc compter que les fonds seraient votés en vertu de l'initiative soit gouvernementale soit parlementaire.

Après ce discours, l'assemblée a exprimé par des applaudissemens vifs et prolongés combien elle était fière d'accepter M. Arago pour son représentant. Si, en ce moment il se fût agi de procéder à une élection à l'anglaise, il ne se serait pas élevé une seule voix dans la salle pour réclamer le *poll* contre l'illustre secrétaire perpétuel de l'Académie des Sciences.

M. Fercoq ayant ensuite demandé si quelque membre avait des interpellations à adresser à M. Laffitte, et personne n'ayant réclamé la parole, la séance a été levée, et la foule s'est écoulée lentement aux cris de *vive Laffitte! vive Arago!* tout en observant l'ordre parfait qui n'avait pas cessé un instant de régner pendant toute la séance, malgré l'enthousiasme des assistans.

Lorsque les choses sont grandes et belles par elles-mêmes, ce qu'on peut faire de mieux, c'est de les raconter le plus simplement possible. Nous ne recourrons donc pas à des effets de style pour peindre l'imposante démonstration politique dont nous venons d'être témoins.

Nous nous bornerons à dire que jamais peut-être spectacle civique plus digne, plus grave et plus solennel, n'avait été offert à notre population, et que la soirée d'hier est certainement destinée à laisser parmi nous de profondes impressions. C'était comme une magique initiation pour beaucoup de nos honorables concitoyens qui, jusqu'ici, n'avaient dirigé leur attention sur les illustrations de l'opposition démocratique qu'à travers le nuage de calomnies dont la politique d'intimidation s'est efforcée de les entourer. Le sentiment qui nous a paru dominer dans l'assemblée, c'est celui d'une admiration qui allait jusqu'à la vénération pour les hôtes illustres dont l'alliance politique vient de se sceller avec notre ville. Il ne pouvait pas y avoir une plus magnifique introduction à la fête de ce soir, qui doit couronner leur séjour parmi nous.

Journal du 24 Mars.

Banquet offert par la ville de Rouen à MM. Laffitte et Arago.

Nous disions hier que la réunion de la salle de la Bourse de vendredi était destinée à laisser de profondes impressions dans l'esprit de notre population. Nous ne savons de quelles expressions nous servir pour donner une idée de la magnificence, de l'éclat et du sympathique entraînement de la fête véritablement nationale dont nos murs viennent d'être le théâtre. C'est assurément l'un des plus beaux jours de la vie politique de notre cité, et c'est aussi une belle page à inscrire dans les annales démocratiques de la France.

Ainsi que nous l'avions annoncé, le festin a été préparé dans l'enceinte du Cirque de Saint-Sever. Le local était on ne plus convenablement et plus élégamment disposé. Le parterre, élevé à la hauteur de la scène, formait avec celle-ci un vaste salon de plain-pied, garni de tables longitudinales, excepté à la ligne de jonction des deux fragmens de la salle, où une table transversale avait été dressée pour recevoir MM. Laffitte et Arago, les personnes invitées et plusieurs membres des bureaux des trois colléges de Rouen.

En outre, des tables avaient été servies dans la galerie circulaire, qui constitue ce qu'on appelle les secondes du Cirque.

La décoration était du meilleur effet, l'éclairage splendide jetait un vif éclat sur les cristaux et les fleurs qui garnissaient les tables de ce vaste local, occupées par près de 800 personnes, la plupart électeurs appartenant aux quatre colléges de l'arrondissement de Rouen.

C'était un spectacle vraiment majestueux et solennel.

A quatre heures, MM. Laffitte et Arago sont venus prendre place au banquet, où les convives s'étaient déjà installés avec un ordre parfait. A leur apparition dans la salle a éclaté une chaleureuse et longue clameur de vivats, à laquelle s'est associé l'air de la *Marseillaise*, exécuté par un orchestre confié à la direction de M. Bidal, et qui, pendant tout le repas, a joué des chants patriotiques appropriés à la circonstance.

A la table de M. Laffitte on remarquait M. Toussin, député du deuxième collége, et M. Petou, ancien député du quatrième collége (*extra muros*). MM. Dupont de l'Eure, Desjobert et Henri Sevaistre avaient été invités aussi. On verra, par leurs lettres de remercîmens, que nous publions plus loin, les motifs de leur absence de cette réunion, où ils sont restés présens de cœur. Il y avait aussi, disséminés dans la salle, quelques citoyens des autres arrondissemens, des départemens voisins et de la capitale, qui étaient venus s'associer à cette grande démonstration populaire.

Les limites de contenance de la salle ont seules borné le nombre des convives au chiffre de 800 que nous avons mentionné, et qui aurait facilement atteint au double, si l'on en juge par la quantité de souscriptions qu'il a fallu refuser.

Lorsque l'on fut arrivé à la partie du repas consacrée aux toasts, M. FERCOQ qui présidait l'assemblée, s'est exprimé en ces termes :

Avant d'accorder la parole pour les toats, je viens vous proposer un acte charitable. MM. les commissaires vont, chacun dans leur section, faire une collecte dont le produit sera versé moitié aux Salles d'Asile et moitié aux Bureaux de Bienfaisance, pour une distribution extraordinaire de pain aux pauvres. (Assentiment universel.)

Nous avons su que le produit connu de cette collecte s'élevait à environ 1,260 fr.; mais on supposait qu'il y avait encore quelques versemens retardataires à opérer.

M. le président a de nouveau réclamé l'attention et a porté le toast suivant :

Au roi constitutionnel !

La sagesse royale, éclairée par l'expérience et par la manifestation du vœu national, nous garantit la franche et complète exécution de nos institutions.

Elle saura en assurer le développement régulier, et dissiper ainsi les justes inquiétudes conçues par les véritables amis de la liberté, de l'ordre et de la dynastie nouvelle.

Dans un gouvernement constitutionnel, les fautes et les erreurs apparaissent au grand jour ; en excitant vivement la sollicitude des citoyens pour le maintien des droits du pays, elles peuvent parfois occasionner de tristes et douloureuses préoccupations ; elles peuvent aussi jeter au milieu de nous l'appréhension de ces luttes violentes qui ont amené la commotion politique dont le souvenir est encore si récent.

Mais, grâce à l'organisation et au jeu de nos institutions, la vérité est arrivée au pied du trône. Sous le règne de l'élu de la nation, les persévérantes réclamations d'un grand peuple ne pouvaient être vaines. Déjà la royauté de juillet a voulu, par une mesure ferme et prudente, calmer nos alarmes, et prouver à la France qu'elle respectait la limite assignée à chacun des grands pouvoirs de l'état.

En s'associant sincèrement à l'esprit et au but de notre pacte fondamental, la royauté plane sur le pays comme un génie tutélaire, comme un élément d'ordre et de durée, comme une garantie de force et de stabilité, et, en échange de cette influence bienfaisante et modératrice, elle reçoit de la nation ce loyal concours, ce vif et respectueux attachement qui fait sa puissance et sa dignité.

Aussi, Messieurs, c'est avec bonheur que la France accueille la sincérité du gouvernement représentatif; c'est aussi avec le juste espoir de la complète réalisation de cette grande œuvre, que nous répéterons ce cri national :

Vive le roi constitutionnel !

Vive la charte de 1830 !

Ce toast, écouté avec le plus profond recueillement, a été salué d'applaudissemens assez nombreux dans sa dernière partie.

Le toast à M. Laffitte a été porté par M. LEBALLEUR, qui l'a développé ainsi :

A notre député M. Jacques LAFFITTE. (Applaudissemens universels.)

Dévoué au bien général, Jacques Laffitte n'a connu d'autre gloire que celle du pays, d'autre bonheur que celui de la France.

Quand, à la suite de l'étranger, la restauration entrait dans Paris, il resta fidèle au malheur; il déplora l'humiliation de la patrie, il ne recula devant aucuns sacrifices pour la paix publique.

Parmi les citoyens qui défendirent si glorieusement la cause du gouvernement constitutionnel contre le gouvernement du droit divin, il brilla par son dévoûment, son courage, sa loyauté.

A côté des Camille Jordan, Casimir Périer, Foy, Benjamin Constant, la France inscrivait avec orgueil et reconnaissance le nom de Jacques Laffitte.

La révolution de juillet éclata. Pour seconder les généreux efforts de la nation, revendiquant sa place au soleil de la liberté, Laffitte exposa sa fortune, exposa sa vie !!!

Ami de l'ordre, convaincu de la nécessité d'un état social protecteur de tous les intérêts, il concourut à élever sur le pavois national notre roi Louis-Philippe, il concourut à doter la France des garanties d'une dynastie nouvelle, acceptant franchement la charte régénérée.

Depuis, ministre ou député, il a continué de dire la vérité au pays et à la royauté suivant sa conscience, en dépit des haines, des calomnies. Il a cru que la force du pouvoir royal résidait dans la sincérité du gouvernement représentatif. Il a cru à la prospérité du pays fondée sur une paix honorable : et la récente manifestation du vœu national a prouvé que Jacques Laffitte avait bien compris les devoirs d'un bon citoyen.

Rouen, en lui confiant le mandat de député, a fait un grand acte de sagesse, de patriotisme, de réparation.

Rouen a vengé Jacques Laffitte des outrages dont on essayait de flétrir un noble caractère.

Rouen a maintenu au nombre des représentans du pays le citoyen le plus dévoué à la monarchie constitutionnelle et aux légitimes améliorations qu'elle a promis de réaliser.

Notre cité industrieuse et commerçante a justement donné sa confiance à l'homme éminent qui, dans les mauvais jours, tendit une main secourable à l'industrie souffrante, qui aujourd'hui sait, mieux que tout autre, combien le crédit public, le commerce, la propriété et l'agriculture ont besoin d'ordre, de sécurité !

Que notre ville s'applaudisse du choix si honorable qu'elle vient de faire, qu'elle répète avec nous :

Vive Jacques Laffitte !

Ce toast, constamment interrompu par les acclamations et les applaudissemens de l'assemblée, a été suivi de l'allocution suivante, prononcée par M. LAFFITTE avec les accens de l'attendrissement le plus visible :

Messieurs,

Au milieu des émotions si vives et si profondes que vous m'avez fait éprouver pendant ces trois jours, je cherchais quelle était la cause de cette bienveillance, de cette sympathie, de cet accueil si bon dont vous m'honorez. Je vois que ce n'est pas seulement à l'homme politique que s'adressaient vos manifestations. Il me semble qu'il s'y trouve aussi quelque chose de personnel pour moi, et je suis pénétré jusqu'au fond de l'ame de la plus vive reconnaissance.

Votre digne président m'a fait comprendre la nature de ce sentiment dont je suis l'objet. C'est un sentiment, non pas de réparation; on ne doit rien au citoyen qui fait son devoir. Mais enfin ce devoir, je l'ai rempli, et j'en ai été payé par la diffamation et la calomnie. Vous avez prouvé que vous saviez mieux me rendre justice. (Oui! oui ! Applaudissemens.)

J'ai fait quelque bien, sans doute, et j'ai eu à essuyer de la part des personnes mêmes qui en avaient profité bien des dégoûts et des persécutions. On m'a suscité des obstacles de tous genres. J'ai résisté à tout, car j'avais avec moi un compagnon avec lequel il y a toujours sécurité parfaite : c'est ma conscience. (Nouveaux applaudissemens.)

Tout le monde reconnaît, et mes ennemis mêmes, que j'ai été secourable aux militaires dans les mauvais jours, au commerce dans les époques de crise, à la finance elle-même dans les tempêtes de la bourse. On reconnaît cela, et cependant aujourd'hui on m'attaque par des écrits mensongers, par des moyens infâmes; on voudrait me faire perdre le seul bien auquel j'attache du prix, la confiance de bons citoyens comme vous. (Nombre de voix : C'est impossible ! Applaudissemens.)

Au milieu de tout cela, on m'accorde une qualité, on veut bien dire que je suis un honnête homme. Personne n'ose dire que je ne le suis pas.

Mais cet éloge ne me suffit pas. Sans doute tout le monde doit être honnête homme ; mais je veux être quelque chose de plus, un bon citoyen. C'est à ce titre que je prétends surtout, et vos suffrages m'ont prouvé que vous aviez cette opinion de moi.

J'ai persisté cette année à me présenter au second arrondissement de Paris. C'est là, je vous l'avouerai, que j'attendais une réparation. J'ai voulu savoir comment on pourrait combattre aujourd'hui la nomination du plus ancien député de cet arrondissement, du premier élu de 1830. J'ai voulu savoir si mes concitoyens ne pensaient pas que ma conduite depuis 1830 fût conforme à ce qu'elle était auparavant.

Eh bien ! Messieurs, c'est Rouen qui, pour la seconde fois, vient de m'ouvrir les portes de la chambre qui me seraient fermées sans vous. (Une voix : M. Arago vous les aurait fait ouvrir). Je remercie l'électeur qui m'a interrompu ; j'allais effectivement rappeler que mon excellent ami, M. Arago, m'a rouvert une fois les portes de la chambre ; mais c'est vous, Messieurs, je le répète, qui me les ouvrez de nouveau. Sans vous, je n'y serais pas, et permettez-moi de le dire sans aucun sentiment d'orgueil personnel, ce serait une honte pour la France. (Explosion d'applaudissemens.)

Je dis que ce serait une honte pour la France, parce que je crois que la France n'a pas oublié ses droits, que j'ai défendus ; qu'elle n'a pas oublié le principe de la souveraineté nationale, que j'ai contribué à faire prévaloir, et auquel je suis toujours resté fidèle ; parce que je crois enfin que la chambre ni les électeurs ne doivent reculer devant aucun mauvais vouloir. (Non, non ! Bravos !)

Messieurs, je suis profondément touché des bons sentimens que vous me témoignez. Je prends vis-à-vis de vous avec bonheur l'engagement formel de n'accepter jamais que la députation de Rouen. (Ces mots, prononcés par M. Laffitte au milieu de la plus vive émotion, excitent des transports unanimes dans l'assemblée. Les cris de *vive Laffitte !* éclatent de tous côtés avec une intensité prodigieuse.)

Je dis que jamais je n'accepterai d'autre députation que la vôtre. En disant cela je présume que vous me l'offrirez? (De toutes parts : Oui ! oui !)

Je suis à vous pour jamais ! C'est entre nous à la vie, à la mort, parce que vous serez toujours ce que vous êtes, comme je serai toujours ce que suis.

Aux électeurs de Rouen ! au digne président de l'assemblée ! à vous tous pour la vie, non-seulement comme votre député, vous m'avez inspiré d'autres sentimens, à vous, Messieurs, comme à mes meilleurs amis ! (Triple salve d'applaudissemens.)

Nous ne saurions dire combien la parole de M. Laffitte a rencontré de sympathie dans l'assemblée ; jamais il n'y eut d'expression d'un enthousiasme plus général et plus électrique.

M. CHESNEAU, adjoint :

A la nouvelle chambre des députés !

Puisse-t-elle, par une attitude tout à-la-fois énergique et modérée, justifier l'espoir des amis d'une sage, mais vraie liberté ; que, s'appuyant sur l'opinion publique, elle marche d'un pas ferme et sûr au développement graduel des pacifiques et glorieuses conquêtes de nos deux révolutions ; qu'en faisant fleurir à l'intérieur l'agriculture, le commerce, l'industrie, les arts, elle n'oublie jamais que la France, si grande, si puissante, a confié son honneur et sa dignité au patriotisme de ses mandataires ; puisse-t-elle enfin, dans l'intérêt de la dynastie, saper, aux acclamations de la nation entière, l'édifice vermoulu de la courtisanerie et du favoritisme ! (Vifs applaudissemens.)

A la chambre des députés, et en particulier à ceux de ses membres qui nous ont honorés de leur présence ! (Bravos.)

M. TOUSSIN a répondu :

Grâce à l'énergie des électeurs indépendans, nous devons tous espérer que ces vœux que vous venez d'exprimer seront remplis. Mais nos efforts devront tendre aussi à donner aux intérêts matériels les satisfactions auxquelles ils ont droit, à procurer à la France industrielle les lois si ardemment désirées, sans lesquelles nos produits ne pourraient atteindre la perfection et soutenir la rivalité contre l'étranger. Nous devrons aussi chercher à réduire le budget dont le poids pèse si lourdement sur les contribuables.

Honneur aux électeurs indépendans qui ont permis l'espoir de si bons résultats ! (Applaudissemens.)

M. VISINET, électeur :

A M. Arago, secrétaire perpétuel de l'Académie des Sciences, membre de la chambre des députés. (Applaudissemens.)

Parmi les savans, il en est qui enrichissent par leurs découvertes le domaine de l'intelligence, mais qui sont privés de l'heureuse faculté d'exposer clairement les vérités, fruit de leurs méditations; d'autres, au contraire, à la sagacité, à l'infatigable persévérance qui pénètre tous les mystères de la nature, joignent le talent de mettre à la portée de tous les théories les plus abstraites de la science. Quand M. Arago n'aurait à notre admiration d'autres titres que d'être placé dans cette dernière catégorie, la France devrait être fière de lui avoir donné le jour, la ville de Rouen devrait être heureuse de le posséder dans ses murs. (Vifs applaudissemens.)

Mais ce n'est pas seulement comme savant qu'il a droit à notre reconnaissance; c'est comme patriote, c'est comme ami de l'humanité que nous le fêtons aujourd'hui. Depuis le jour où il est venu siéger dans l'enceinte législative, il s'est toujours et sans relâche voué à la cause de la liberté, du progrès, à l'amélioration morale et physique de la condition du peuple, à la défense de la dignité nationale. Jamais il n'est resté impassible quand il s'est agi de questions touchant à ces nobles intérêts. (Nouvelles acclamations.)

Les élections que nous venons de consommer ont ouvert une ère nouvelle. Elles ont prouvé que la France électorale voulait le progrès et la liberté aussi bien que l'ordre, et qu'elle avait donné à ses mandataires mission de faire prévaloir les idées de réforme. Une des premières et des plus urgentes obligations de la chambre sera de s'occuper de la réforme électorale (acclamations vives et prolongées); car ce n'est point un régime digne de notre époque et de notre pays, que celui où la capacité politique se mesure uniquement d'après la cote des contributions, et non d'après la valeur personnelle des citoyens; où l'on demande à un candidat, pour lui conférer un mandat politique, non point ce qu'il est, mais ce qu'il a; qu'un régime où Pascal, Bossuet, Corneille, Racine, d'Alembert, Voltaire, Lebrun, Clairaut et Condorcet; où toutes les illustrations scientifiques, littéraires et artistiques de la Normandie, dont M. Arago nous faisait hier la glorieuse énumération, ne seraient rien politiquement, s'ils ne payaient une certaine cote de contributions (applaudissemens); qu'un régime où notre hôte illustre, où M. de Lamartine, son adversaire, où M. Guizot, son adversaire aussi, sont électeurs et députés, non point parce que l'un est le digne successeur de Fontenelle, de Delambre et de Cuvier, l'autre l'auteur des *Méditations*, le troisième un historien, un professeur, un écrivain de premier ordre, que nous admirons tous, quelle que soit notre opinion sur sa conduite politique, mais parce que tous trois paient plus de 500 fr. d'impôts. (Nouvelles acclamations.)

Un tel régime subsistant encore après les révolutions de 1789 et de 1830 appelle une prompte réforme, dont le principe ne saurait être révoqué en doute, sauf dans l'application à consulter les règles de la prudence et d'une sage réserve. Je suis donc sûr de n'être désavoué par aucun des électeurs censitaires qui m'écoutent, lorsqu'en leur nom je viens prier notre hôte, M. Arago, d'appuyer de son éloquente parole la cause de la réforme électorale. (Bravo ! bravo !)

Il est un autre point qui, non moins que les conditions de l'électorat et de l'éligibilité, appelle les sérieuses méditations de la législature : je veux parler du fractionnement des colléges. (Applaudissemens.) C'est à cette disposition, fruit d'une politique qui ne sait que diviser pour régner, que nous sommes redevables de la nomination de ces déplorables nullités, de ces notabilités de clocher qui ont composé si long-tems la majorité de la chambre. (Bravos.) C'est grâce au fractionnement qu'ont pu pénétrer dans la chambre tant d'hommes qui n'avaient d'autre titre que des sollicitations individuelles, que des appels aux intérêts mesquins et égoïstes, que la distribution des largesses ministérielles faites aux dépens du trésor public. Sans le fractionnement, aurions-nous vu conférer le mandat législatif au député de Bourganeuf? (Explosion d'applaudissemens qui empêchent long-tems l'orateur de continuer.)

Si les électeurs, au lieu d'être ainsi divisés, étaient réunis en un seul collége au chef-lieu, notre département n'aurait point envoyé un contingent si peu nombreux se joindre aux députés patriotes. (Bravos.)

Espérons que la session ne se passera pas sans qu'une proposition formelle soit faite et votée pour modifier d'après ces bases notre législation électorale. Nous ne pouvons, à cet égard, remettre notre mandat en de meilleures mains que celles de M. Arago. Répétons donc notre toast : A M. Arago et à la réforme électorale! (Applaudissemens vifs et prolongés.)

M. ARAGO :

Je suis touché jusqu'au fond de l'ame des marques de bienveillance que vous me donnez. Je chercherais vainement une expression qui convînt à ma reconnaissance. Je me trompe, je l'ai entendue tout-à-l'heure : je suis à vous, à l'industrie, au commerce de Rouen, à la vie, à la mort! (Applaudissemens.)

Mais il ne nous suffit pas de recevoir des témoignages qui vont si directement à nos cœurs, il faut que nous nous en montrions dignes. Je veux parcourir avec vous la série des reproches qui nous sont adressés, à nous hommes de l'opposition; je veux les anéantir à tout jamais.

On nous accuse d'être partisans de la guerre. Que nous soyons des partisans de la guerre par amour pour la guerre, mais c'est une atroce calomnie! Si cela était vrai, loin de nous recevoir ici, M. Laffitte et moi, ce serait à Saint-Yon qu'il aurait fallu nous conduire. (Rires et applaudissemens.)

Quels sont, je vous prie, quels peuvent être aujourd'hui les partisans de la guerre par amour pour la guerre ? Peut-être en trouverez-vous parmi ces jeunes conscrits rejoignant leur drapeau avec ardeur, bercés qu'ils sont par cette promesse décevante du bâton de maréchal qu'on dit être dans leur giberne, et qui se résout en de tristes galons de caporal. (Bravo ! bravo !)

Des partisans de la guerre pour la guerre ! A peine en trouverez-vous parmi ces jeunes officiers dont le courage, nourri des traditions de notre gloire, s'impatiente des loisirs et des ennuis du séjour de garnison, et qui, après de longues années de privations et de dégoûts, rentrent dans leurs foyers, découragés et convaincus alors, par leur propre expérience, que là comme ailleurs les chances d'avancement sont le plus souvent pour l'intrigue et le favoritisme. (Nouveaux applaudissemens.)

Mais dire que des députés de la France veulent la guerre pour la guerre, en vérité, Messieurs, c'est faire trop d'honneur à une pareille absurdité que de la traiter même comme une calomnie. (Bien ! Très-bien !)

Après cette déclaration, je dirai avec la même franchise : Il est une paix à laquelle je ne souscrirai jamais, c'est une paix honteuse pour mon pays. (Nouveaux applaudissemens.)

Il y a deux sortes de guerre : la guerre dont l'histoire enrichit ses fastes, qui se fait à coups de canon, de charges de cavalerie et de baïonnettes ; celle-là, nous l'avons faite admirablement. Mais il y a une autre guerre dont nous ne savons pas nous défier assez : c'est la guerre de la diplomatie, guerre sourde dont nous n'avons que trop subi les effets depuis 1830. (Bravos.)

La France de juillet s'est montrée magnanime ; elle a renoncé à la guerre de conquêtes ; elle n'a voulu avoir autour d'elle pour défense qu'une ceinture de peuples amis. Qu'est devenue, regardez la carte, cette France de 1830, si belle, si glorieuse? (Profonde sensation.)

Voyez la conduite que le gouvernement a tenue vis-à-vis de la Suisse. On lui a envoyé un vil espion, pour ourdir une intrigue infâme; on lui a demandé du ton du commandement l'expulsion d'un de ses citoyens. Croyez-vous qu'après de pareils actes la Suisse soit encore pour nous ce qu'elle était en 1830, lorsqu'elle faisait sa révolution sociale sous l'influence et la protection de notre révolution ? La France a perdu là une barrière utile. (C'est vrai !)

Quant à la Belgique, nous nous étions résignés à ne pas la voir réunie à nous. Que nous importent, en effet, quelques départemens de plus ! Ce que nous voulions, c'était un peuple ami, régi par des lois analogues, animé des mêmes sentimens de liberté, gardant intact, à l'ombre de son drapeau, le territoire qu'il avait reconquis glorieusement à notre exemple; un peuple indépendant, mais ferme, dont la faiblesse relative devait toujours s'appuyer sur notre force; un peuple que nous ne pourrions abandonner sans nous abandonner nous-mêmes! Et pourtant, qu'a-t-on fait de la Belgique? On a permis à la Sainte-Alliance de s'infiltrer entre elle et nous; on a conduit nos ennemis par la main jusqu'à la lisière de notre territoire, et d'ici à peu de jours les factionnaires de Longwy entendront les cris des sentinelles prussiennes! (Bravo! bravo! — UNE VOIX AVEC FORCE : Voilà qui est parler à la France !)

Au midi comme au nord, le système est uniforme. Et cette Espagne constitutionnelle qui devait être pour nous une alliée, on la laisse se débattre dans la honte et le sang, en attendant qu'on l'achève par des protocoles! (Sensation.)

La révolution de juillet avait encore éveillé dans une nation puissante des sympathies bien vives et qui semblaient toutes nouvelles pour nous. Ces dispositions, qui pouvaient être si profitables au progrès de la liberté dans toute l'Europe, vous savez comment on les a refroidies par une politique qu'on a crue habile, peut-être parce qu'elle était astucieuse et de mauvaise foi.

Ainsi, partout on nous a désarmés, isolés, et je le dis avec une profonde conviction, cette guerre sourde nous a fait plus de mal qu'une guerre ouverte. Messieurs , tous ces crimes de la diplomatie nous ont été plus funestes que la perte de dix batailles , et vous savez que nous ne les perdons pas facilement ! (Acclamations prolongées.)

Pendant les dernières élections, une chose surtout a blessé les bons citoyens. C'est la pensée qu'a eue le ministère que des bruits de guerre pouvaient lui faire obtenir des nominations contre nature. Le noble pays que vous représentez a montré par ses choix si la France s'abaisse devant de pareilles menaces. Vous vous êtes rappelé que c'est de cette province que partirent , il y a huit cents ans , ces légions formidables qui firent la conquête de l'Angleterre ! Honneur à vous , citoyens de Rouen !

On a dit que le mot *impossible* n'est pas français ; il est un mot qui devrait être rayé de notre dictionnaire, c'est celui de *peur*. (Applaudissemens prolongés.)

On nous a reproché encore d'être des utopistes : non , Messieurs , nous allons au fond des choses ; nous cherchons à attacher nos noms à des établissemens utiles. La Caisse Centrale de l'Industrie et du Commerce , qui procure à la capitale tant d'avantages, dont, nous l'espérons, la France entière profitera bientôt, est-ce donc une utopie ?

M. Laffitte , qui ne parle jamais des choses qu'il a conçues que lorsqu'elles sont réalisées , ne vous a rien dit de son projet d'une compagnie commanditaire de l'industrie , qui soustraira les manufacturiers aux loups cerviers , car je suppose qu'il y en a chez vous comme à Paris. (Oui ! oui ! Applaudissemens.)

Pour moi, je puis citer aussi dans une autre sphère des travaux qui prouvent que je m'attache à la réalité des choses , et que je franchis le cercle de l'idéalité. Naguère encore j'ai consacré plusieurs années , en compagnie de votre compatriote Fresnel , au perfectionnement des phares ; et le gouvernement qui , lorsqu'il a besoin de moi, ne me regarde pas comme un utopiste, m'a lui-même demandé sur l'emploi des machines à vapeur un rapport pour lequel j'ai dû me livrer , avec un autre de vos compatriotes, M. Dulong , à des études qui n'étaient pas sans danger , et auxquelles j'ai dû consacrer beaucoup de tems.

Il est vrai pourtant que nous avions été une fois coupables d'utopie : ce fut en 1830. Nous avions rêvé un gouvernement fort et libre, un gouvernement de progrès, un gouvernement qui fuirait scrupuleusement tout contact avec la corruption , qui ne se laisserait jamais approcher de ces hommes semblables aux harpies de l'antiquité, non-seulement par la voracité , mais encore par la propriété de souiller tout ce qu'ils touchent. (Applaudissemens.)

On a voulu comparer la corruption administrative d'aujourd'hui avec celle du directoire. Oui, il y a quelque ressemblance entre les deux époques ; mais il y a aussi des dissemblances. Chez nous , depuis quelque tems, nos ambassadeurs , notre diplomatie se prosternent devant les exigences de l'étranger. Permettez-moi de vous rappeler que sous ce directoire, dont les fautes ont mérité tant de reproches, la diplomatie française avait une attitude plus fière. Ce fut alors que nos frontières furent définitivement portées jusqu'aux limites naturelles de la France. Ce fut alors que, dans la discussion du traité de Campo-Formio, le général autrichien croyant faire une large concession en promettant à notre plénipotentiaire (ce plénipotentiaire était le général Bonaparte) de reconnaître la république française, si l'on consentait seulement à mettre dans le traité le nom de l'empereur avant le peuple français, notre négociateur répondait :

La république française est comme le soleil : aveugle qui ne la voit pas ! (A ces paroles, l'assemblée, par un mouvement électrique, se lève en masse en faisant retentir l'enceinte d'acclamations unanimes et prolongées. L'orateur est interrompu pendant quelques instans. Quand le silence est rétabli, M. Arago reprend le cours de sa brillante improvisation.)

L'électeur qui a porté ma santé avec tant de bienveillance a justement appelé notre attention sur une question dont j'apprécie toute l'importance : celle de la réforme électorale. C'est là une question de principe qui ne peut pas n'être point discutée. Le droit et le fait se disputent le monde : le fait gouverne tant qu'il n'est pas contesté ; mais quand le droit a fait entendre ses réclamations avec une masse imposante de populations, il faut examiner et résoudre la question, et voir surtout s'il est possible à la souveraineté nationale de tenir long-tems éloignés de tous droits politiques ceux qui réunissent ces deux conditions : indépendance et capacité.

Encore une fois, c'est une question qu'il convient d'examiner avec maturité, sans se livrer à des brusqueries imprudentes sans doute, mais aussi sans se laisser préoccuper de ces clameurs qui opposent incessamment à tout besoin de réforme le fantôme si souvent invoqué de 93.

Messieurs, il est tems d'en finir avec ces terreurs ridicules dont les ennemis de la France ont tant abusé depuis quarante ans.

En 93, il y a eu des désordres affreux : on ne les a pas assez flétris ; il faut les flétrir toujours. Il ne faut pas que notre culte pour la liberté ait jamais à prendre pour auxiliaires le désordre et l'échafaud.

Mais faut-il confondre dans une réprobation aveugle et insensée, autant qu'injuste, les malheurs ou les crimes nés d'une lutte terrible et les grandes institutions que cette époque nous a données? Faut-il flétrir sans discernement tout ce qui s'est fait, le bien comme le mal? Et, quand les hommes qui se sont trouvés mêlés à ces combats sans exemple ont péri à la peine, la haine ne doit-elle pas s'arrêter devant la tombe? Et devons-nous pousser l'ingratitude jusqu'à méconnaître que nous devons à cette époque, nous, tout ce que nous sommes, et la France, l'intégrité de son territoire et l'orgueil de sa nationalité ? (Bravo! bravo! — Applaudissemens universels.)

Rappelez-vous que tous les peuples de l'Europe marchaient à la curée de la France, qu'ils avaient juré de la morceler; rappelez-vous le traité de Pilnitz, le manifeste de Brunswick; rappelez-vous le courage et les services de nos armées, et dites si jamais l'histoire a montré une époque plus glorieuse. (Nouveaux applaudissemens.)

Et c'est en présence de si grands dangers, c'est en y faisant face que ces hommes, dont on s'obstine à associer le nom avec des souvenirs de sang, ont doté le pays des institutions les plus utiles à ses progrès comme à sa gloire: l'Institut, le Conservatoire des Arts-et-Métiers, les Bibliothèques, le Bureau des Longitudes ; ce sont eux qui ont créé l'unité dans l'administration, l'unité dans les codes, la réforme dans l'impôt, la réforme dans les tribunaux judiciaires ; parcourez toutes les branches du gouvernement, ou toutes les couches de la société, vous y trouverez empreinte la même trace, et vous direz avec moi que si ce fut une époque de déplorables désordres, ce fut aussi une époque de grandeur et de magnificence. (Profonde sensation.)

Elle nous a laissé aussi comme héritage un devoir que je me reprocherais d'avoir oublié : c'est que dans un avenir peu éloigné, il faudra augmenter le bien-être des classes inférieures, non pas en appauvrissant les riches, mais en enrichissant les pauvres. (Applaudissemens.)

Conservons-en les souvenirs immortels, et personne n'osera venir nous troubler, et la France parcourra sa carrière de gloire. Au premier rang déjà par l'intelligence, elle occupera aussi le premier rang dans l'industrie et le commerce ; alors toute la population pourra se livrer avec sécurité à ses travaux, et alors nous serons délivrés de ces pédans qui s'imaginent être nécessaires, et dont les fautes ont réduit le commerce, l'industrie, le pays tout entier à l'état de crise dont il a tant de peine à sortir aujourd'hui. (Tonnerre d'applaudissemens.)

Il est impossible de dépeindre l'enthousiasme qu'a produit cette brillante improvisation. Les électeurs les plus rapprochés de M. Arago viennent lui serrer la main avec transport ; quelques-uns se jettent dans ses bras. La séance est interrompue pendant quelque tems.

M. SENARD (l'orateur n'est pas plutôt levé qu'il est salué par les bravos de toute la salle) :

Vous venez d'entendre d'admirables paroles. (Vives acclamations.)

Jamais l'impression qu'elles ont produite ne s'effacera ; jamais les grands souvenirs de notre histoire n'a-vaient été évoqués avec cette puissance qui a mouillé nos yeux et fait palpiter nos cœurs. (Nouvelles acclamations.)

A nous maintenant de prouver à nos illustres hôtes que , comme eux, nous aimons , nous sentons la liberté ; merci aux commissaires du banquet qui m'ont mis à portée de le faire en me priant de porter un toast à *la presse indépendante*!

Messieurs, la presse est la voix du peuple dans les gouvernemens libres. Par elle , la plainte se fait entendre, les vues utiles se produisent ; les pensées généreuses trouvent des échos ! (Bravos.)

Institution large et féconde , la presse ouvre à tous sa tribune. Elle ne demande au citoyen qui réclame son appui, ou qui lui offre son concours , ni le nom de ses aïeux , ni le chiffre des impôts que chaque année il verse au percepteur. C'est sans distinction , sans condition qu'elle accueille le cri de tous les opprimés , qu'elle excite ou qu'elle appelle tous les dévoûmens , qu'elle reçoit et transmet à tous le tribut de toutes les intelligences.

C'est la plus précieuse de nos garanties , c'est l'instrument le plus puissant de la civilisation et du progrès. (Bravos.)

Le dogme de la liberté de la presse est écrit dans toutes les chartes. Mais quand viennent les lois organiques, que d'efforts pour étouffer le principe dans son application ! que d'entraves suscitées à son développement !

La législation de la presse est la révélation la plus sûre des tendances secrètes, de la pensée intime du gouvernement dont elle émane. (C'est vrai!)

S'il n'est préoccupé que des intérêts nationaux, s'il

s'efforce de marcher d'accord avec l'opinion publique , qu'aurait-il à redouter de sa manifestation ? (Applaudissemens.)

On l'a dit avec raison il y a long-tems, les honnêtes gens ne craignent pas les réverbères. (Rires.)

Mais si , comme il n'arrive que trop souvent, le pouvoir se crée des intérêts siens, et presque toujours opposés à ceux du pays, la vérité l'importune et l'effraie , et tous les moyens lui paraissent bons pour l'étouffer.

Sans remonter bien haut dans nos annales législatives, dont chaque ligne justifierait ma pensée , est-ce que le réseau que les lois de septembre 1835 ont jeté sur la presse ne vous dit pas les tendances rétrogrades et la politique anti-nationale de ses auteurs ? (Bravos.)

Est-ce qu'au milieu de toutes ces combinaisons destinées à bâillonner les organes de l'opinion publique, vous ne pressentez pas les lois de famille , la résurrection des apanages , et tout ce cortége de lois de déportation, de disjonction, qui devait appuyer le retour au passé? (Longs applaudissemens.)

Et dès qu'on s'aperçoit qu'on est allé trop loin et qu'on veut donner une apparence de satisfaction aux sentimens de la nation qu'on a trop vivement froissés, est-ce que la première parole du ministère bâtard que le 15 avril voit éclore n'est pas la promesse d'abroger ou de laisser tomber en désuétude cette législation de fer qu'on s'est pourtant bien gardé d'abandonner? (Sensation profonde.)

Est-ce à dire pourtant que la presse doive être livrée à elle-même, qu'elle doive rester sans frein, sans loi qui réprime ses écarts ?

Messieurs, telle n'a jamais été , telle ne sera jamais la pensée des vrais amis de la liberté. (Très-bien !)

Mais nous voulons que les conditions auxquelles le fisc fait payer à la presse périodique son existence matérielle soient notablement allégées.

Nous voulons que les délits de la presse, quels qu'ils soient, n'aient pour juges que le jury. (Bravos !)

Et en cela nous ne faisons que demander l'exécution littérale de la charte de 1830, qui devait être la charte-vérité. (Rires!)

Nous voulons enfin que les peines soient proportionnées aux délits qu'elles sont destinées à réprimer ; que la durée des emprisonnemens ne devienne pas une véritable violence exercée envers les personnes ; que les amendes ne deviennent pas une véritable confiscation de la propriété, et que, sous prétexte de réprimer l'abus, on n'arrive pas à anéantir l'exercice du droit lui-même. (Applaudissemens.)

Pourquoi, d'ailleurs, chercher le remède au mal dans un luxe odieux de pénalité ?

Ce remède, il est dans l'institution même ; il est dans le bon sens public, qui fait promptement justice de l'expression du mensonge et de la haine, et sur lequel la vérité seule a la puissance de produire de profondes et durables émotions.

Et quelle preuve éclatante de cette vérité dans les faits dont nous venons d'être témoins !

Le ministère de corruption dont la France se croyait hier complètement délivrée, a fait ses adieux au pays par un déchaînement de diatribes et de calomnies. (C'est vrai !)

Les journaux auxquels il jetait habituellement le salaire de cette polémique, ne lui ont plus suffi ; il en a créé de nouveaux, et les accusatious les plus absurdes et les plus infâmes ont été chaque matin prodiguées aux membres les plus illustres de la représentation nationale. (C'est vrai !)

Laffitte, Arago, vous n'aviez pas de lois de septembre, et pourtant ces turpitudes sont venues expirer à vos pieds. (Acclamations prolongées.)

Oh ! disons-le avec bonheur, Messieurs; tandis que la presse ministérielle se livrait à ces honteux dévergondages, l'attitude de la presse indépendante était calme et digne. (Applaudissemens.) Et certes, si les élections qui viennent de se consommer peuvent être regardées sinon comme l'avénement nécessaire d'une politique toute nationale, du moins comme un pas immense fait dans cette direction , nous ne pouvons pas oublier quel utile concours la presse opposante a apporté aux efforts des électeurs ! (Bravos.)

Jusqu'ici nous n'avons parlé que de l'institution elle-même, de ses droits, de ses devoirs et de sa destinée.

Un mot des écrivains qui lui vouent leur intelligence , leur cœur, leurs lumières et leurs veilles.

Une double tâche leur est imposée.

Rechercher, exprimer les vœux du pays, formuler hautement ses griefs, interpeller le pouvoir qui s'écarte de la ligne des garanties et des devoirs tracés par la constitution et les lois, c'est là le moindre des périls auxquels est conviée la presse indépendante ; et pourtant, dans cette lutte que le publiciste soutient seul pour tous, il dévoue sa personne à la prison, sa fortune aux amendes. (Longs bravos.)

Il est vrai que les applaudissemens du pays l'attendent, le soutiennent et le consolent dans ce rude et périlleux labeur. Mais savez-vous bien ce qu'il faut d'abnégation pour s'y engager, et connaissez-vous beaucoup d'hommes qui ne trouveraient pas que la couronne civique est chèrement achetée à ce prix ? (Applaudissemens.)

Mais la mission du publiciste va encore au-delà?

Non-seulement il exprime l'opinion publique, mais il la guide, il l'éclaire ; et parfois il lui faut protester, au nom de l'intérêt général, contre l'égoïsme des intérêts individuels ou locaux.

Honneur à l'écrivain qui ne recule pas devant cette lutte !

Car là il n'y a plus rien qui l'excite et qui l'enflamme ; là, sa popularité peut être compromise et son caractère en butte à des calomnies faciles à accréditer, et il a pour seul dédommagement sa conscience et le sentiment d'un devoir accompli. (Longs applaudissemens.)

Voilà, Messieurs, comment nous concevons la mission de la presse ! (Bravos.)

Ainsi l'avaient comprise, ainsi l'ont remplie ces hommes généreux qui, depuis 25 ans, se sont constamment succédé sur la brèche. (Bravos.)

Ainsi Châtelain, dont la tombe est à peine **refermée et** dont la vie fut toute de dévoûment et de patriotisme. (Sensation.)

Ainsi, et plus que tous peut-être, Armand Carrel (longues acclamations;) Carrel à qui Rouen était fier d'avoir donné le jour (acclamations); Carrel dont le nom est tout un éloge; Carrel notre condisciple, notre ami !!! (La figure et la voix de l'orateur indiquent une émotion profonde, qui est partagée par toute l'assemblée. **Tout le monde se lève, des acclamations éclatent de toutes parts.**)

Ah ! Messieurs, quand nous sommes assemblés ici dans cette grande fête nationale pour célébrer le triomphe d'un des plus illustres représentans de la liberté, nos hôtes trouveront bien que nous donnions un souvenir, un regret à celui qui lui voua toute sa vie (nouvelles acclamations), et que nous ne parlions pas de la presse indépendante sans rappeler le nom du citoyen qu'elle s'enorgueillissait d'accepter pour chef et dans lequel elle aimait à se personnifier. (Explosion de bravos.)

Que le toast que je vous propose se résume donc en ces mots : *A la presse ! aux écrivains indépendans ! à la mémoire d'Armand Carrel* !! (Applaudissemens unanimes et long-tems prolongés. Un grand nombre de citoyens s'élancent de leurs places et viennent serrer les mains de M. Senard.)

M. ARAGO, d'un accent profondément altéré :

Je prends la parole seulement pour me justifier de ne pas avoir cité Carrel dans l'énumération que j'ai donnée hier des illustrations dont Rouen a doté la France. Si je n'ai pas prononcé ce nom, le nom de l'homme qui fut mon meilleur ami, c'est que je craignais de succomber à l'émotion qu'il eût renouvelé en moi, et de ne pas pouvoir continuer mon discours.... .

M. SENARD, à son tour, se lève précipitam-
ment et s'écrie :

Monsieur Laffitte, Monsieur Arago, un mot, une
prière. Le corps de Carrel reste obscurément loin de la
ville où il est né ; nous n'avons pas même son cœur. Une
souscription a été faite pour lui élever ici un monument ;
les fonds en sont déposés dans une caisse publique , où
les intérêts s'accumulent inutilement. Promettez-nous
que vous interviendrez, que vous ferez vos efforts pour
que les restes de Carrel soient rendus à ses compatriotes.

MM. Laffitte et Arago témoignent avec empres-
sement qu'ils acceptent ce mandat pieux.

(Cet incident a donné cours aux plus entraî-
nantes marques de sympathie de l'assemblée.)

M. PETOU :

Messieurs les électeurs , permettez-moi de vous remercier du bonheur que vous me procurez en me réu-
nissant à mes anciens et honorables collègues.

C'est la plus flatteuse récompense que je pouvais
ambitionner.

J'en conserverai toute ma vie une profonde reconnaissance.

Permettez-moi aussi de porter un toast.

Aux Electeurs patriotes de Rouen!

Ils sauront conserver la noble attitude qu'ils ont prise
dans les élections de 1839.

Aux Electeurs patriotes de la Seine-Inférieure!

Ils ont bien mérité du pays.

M. Henri QUESNÉ :

Aux députés parlementaires non réélus!

Deux partis étaient en présence. Le parti de la cour

nous conduisait au despotisme ; il a succombé dans la lutte électorale.

Le parti parlementaire voulait la sincérité et la réalité du gouvernement représentatif ; il a eu l'assentiment du pays.

Pourquoi faut-il que notre joie soit troublée par la non-réélection de plusieurs députés parlementaires?

Si une faible majorité les a éloignés de la chambre en 1839, le triomphe de leur cause les a noblement vengés.

Aux députés parlementaires non réélus ! (Applaudissemens.)

M. LEFORT-GONSSOLLIN :

A la prospérité du commerce et de l'industrie!

C'est par l'ordre et le travail que l'homme arrive au développement complet de ses facultés ; qu'il impose silence à ses mauvaises passions, et que, s'élevant à l'estime des autres en même tems qu'à la sienne propre, il acquiert la plus sûre comme la plus noble indépendance.

Honneur donc à l'ordre et au travail ! Honneur aussi aux législateurs éclairés qui sauront, par de sages mesures, alimenter les sources fécondes de la prospérité publique, et se montrer ainsi les meilleurs et les plus sincères amis du progrès et de la liberté ! (Vifs applaudissemens.)

M. BUCHET-BELLANGER :

A la probité politique !

Principe sur lequel viennent s'appuyer toutes les conséquences de la souveraineté du peuple , et hors duquel tout est mensonge et déception!

Gloire immortelle à nos pères pour avoir commencé le grand œuvre de régénération politique et sociale !

Honneur aux hommes de notre époque pour lesquels travailler à l'accomplissement de cet œuvre n'est pas seulement un droit, mais le premier des devoirs !

Honte et réprobation à ceux qui ne voient dans le titre de député qu'un mandat négociable à leur profit, contre les intérêts de la nation. (Bravo! bravo!)

Après ce toast, M. le président a déclaré que le banquet était terminé, et l'assemblée s'est écoulée hors de la salle avec les mêmes acclamations en l'honneur de MM. Laffitte et Arago et de nos grands principes de liberté qui ont marqué toute la durée de la réunion, mais aussi dans l'ordre parfait qui y a constamment présidé. Nous n'avons pas connaissance du plus petit incident qui pût être considéré comme le trouble le plus léger sur un point quelconque. C'est une belle fête nationale, sans aucun mélange de regrets, sans aucun sujet de plainte.

Que nos hommages en soient rendus aux deux grands citoyens, à nos deux illustres hôtes, dont le caractère politique est si élevé et si pur, qu'il sait partout et à-la-fois inspirer les plus louables sentimens de patriotisme, et commander la concorde; à l'esprit aussi grave qu'énergique de notre population, et aux excellentes dispositions prises par les commissaires du banquet, auxquels trop d'éloges et de remercîmens ne sauraient être accordés.

Nous n'avons garde d'avoir épuisé toutes les considérations qui naissent de la puissance de cette manifestation politique. Nous aurons mainte occasion de revenir sur ce grand drame dont nous avons pu à peine aujourd'hui être les narrateurs complets. Et d'ailleurs, nous l'avouerons, nous cédons sous le poids de la fatigue du long travail qu'il nous a fallu entreprendre pour rassembler nos souvenirs sur tant d'allocutions dont les principales ont été entièrement improvisées.

Une grande partie de la journée d'hier a été consacrée par MM. Laffitte et Arago à visiter l'atelier de construction de machines à vapeur de MM. Sudds, Adkins et Barker ; la fabrique de cardes de M. A. Miroude ; le magnifique établissement de tissage par le métier à la Jacquart fondé par Louis Auber, et les teintureries de MM. Quenet frères et de M. Léveillé.

A la suite du banquet, MM. Laffitte et Arago sont allés chez M. Marion, dans les salons duquel était réunie la société la plus nombreuse et la plus brillante. Nous n'avons pas besoin de dire que là comme partout les illustres voyageurs ont reçu l'accueil le plus flatteur.

Avant-hier, après la réunion de la Bourse, une brillante sérénade a été donnée à M. Laffitte, et hier soir, à onze heures, une sérénade d'adieu.

MM. Laffitte et Arago ont une dernière fois été salués par les acclamations de la foule.

Nous avons déjà dit que, vendredi, M. Laffitte avait donné 1,000 fr. pour les ouvriers des deux établissemens qu'il avait visités : hier, il a fait remettre aux ouvriers de M. L. Auber 600 fr., à ceux de M. Miroude 50 fr., à ceux de MM. Sudds, Adkins et Barker 250 fr., à ceux de MM. Quenet 200 fr., et à ceux de M. Léveillé 200 fr.

Une somme de 3,000 fr. a été remise par M. Laffitte à M. Bouvet, pour être distribuée aux divers établissemens de bienfaisance de Rouen.

La direction des théâtres de Rouen s'était empressée de mettre la salle du Cirque à la disposition des commissaires du banquet, et ce sans vouloir recevoir la moindre indemnité.

MM. Laffitte et Arago et Mme Laffitte ont quitté ce matin, à huit heures, l'Hôtel-d'Angleterre, et sont retournés à Paris.

Voici les lettres écrites par MM. Desjobert, Dupont de l'Eure et Henri Sevaistre, et qui font connaître la cause de l'absence de ces honorables citoyens au banquet d'hier :

A M. Bouvet-Rondel, conseiller municipal et membre du comité du banquet Laffitte.

Rieux, le 18 mars 1839.

Monsieur,

J'ai reçu la lettre par laquelle vous avez la bonté de me faire part de l'honorable invitation qu'a bien voulu m'adresser la commission chargée de la réception de mon excellent collègue M. Laffitte. Je suis profondément reconnaissant du bon souvenir de MM. les électeurs, et bien flatté de l'assentiment qu'ils donnent à ma conduite politique. C'est la seule récompense que j'ambitionne en remplissant des fonctions souvent pénibles.

Je suis on ne peut plus peiné de ne pouvoir me rendre le 23 à Rouen. J'attends deux personnes qui viennent de Paris, et avec lesquelles je dois partir le 24 pour me rendre à mon poste, et je ne puis plus aujourd'hui les prévenir.

Veuillez, je vous prie, Messieurs, agréer tous mes regrets, et les faire agréer à nos amis politiques et à MM. les électeurs.

J'ai l'honneur d'être avec la plus haute considération, Monsieur, votre très-humble serviteur,›

DESJOBERT.

Beaumont-le-Roger, 19 mars 1839.

Monsieur,

Je reçois à Beaumont-le-Roger, où elle vient de m'être renvoyée, votre lettre du 16 de ce mois, par laquelle vous me faites l'honneur de m'inviter au banquet offert, le 23, par MM. les électeurs du 3e collége de la Seine-Inférieure, à M. J. Laffitte, leur député.

Je serais heureux et fier d'assister à cette fête patriotique, à côté de ce grand citoyen, l'un de mes plus dignes amis, et au milieu des bons électeurs qui viennent de le rappeler au sein de la représentation nationale. Je ne puis trop les féliciter ni les remercier de ce grand acte de civisme et d'indépendance.

Malheureusement il m'est impossible de me rendre à votre invitation, si gracieuse et si honorable pour moi, pendant le peu de tems qui me reste avant mon prochain départ pour Paris. Il faut absolument que je quitte ma famille dès le 22 de ce mois, et que, par suite d'engagemens que je ne puis rompre, je m'occupe à Evreux, le 23 et le 24, d'affaires assez importantes pour qu'il ne me soit pas permis de les ajourner. C'est donc avec un vif regret que je me priverai du plaisir de prendre part à votre fête de famille et que je cède à la nécessité de m'en abstenir.

Je vous prie instamment, Monsieur, d'agréer mon excuse et de la faire agréer au comité, avec l'hommage de ma respectueuse gratitude et de mes sentimens les plus dévoués.

DUPONT (de l'Eure).

— • —

Elbeuf, 19 mars 1839.

Monsieur,

Je suis désolé qu'un voyage indispensable et depuis long-tems arrêté me prive de l'honneur d'accepter l'invitation que vous avez bien voulu me porter au nom des électeurs du troisième arrondissement de Rouen. J'aurais été heureux de me trouver au milieu d'une réunion de patriotes qui ont su s'élever à la hauteur de leur mission, en prouvant que, pour eux, la nomination d'un député n'est pas une simple affaire de localité, mais un acte qui intéresse le pays tout entier.

Grâce à vous, Monsieur, et à vos co-électeurs, la chambre ne sera pas privée du grand citoyen qui a consacré toute son existence à la patrie ; je suis fier que vous ayez pensé à moi dans une circonstance où il s'agit de témoigner à M. Laffitte toutes les sympathies qui lui sont acquises dans notre département. Je vous en remercie, vous prie d'en offrir mes remercîmens aux membres de la commission, et d'agréer l'assurance de la haute considération avec laquelle j'ai l'honneur d'être, Monsieur, votre très-humble serviteur.

H. SEVAISTRE ,
Ancien député.

— • —

Journal du 27 Mars.

Du Progrès de l'esprit public.

Quelle que soit l'issue de la crise ministérielle, quand elle devrait aboutir à la formation d'un ministère même plus avancé que celui de M. Thiers et de ses adhérens, nous n'en devrions pas moins protester encore, au nom de nos populations et au nom des grands principes parlementaires, contre les attermoiemens qui, depuis trois semaines, suspendent et les transactions privées, et l'action normale du gouvernement. On nous avait promis de céder, et l'on ne cède point ; car est-ce se résigner à la volonté du pays que de la marchander comme on le fait, de paralyser en arrière la concession à laquelle on a l'air de se prêter ostensiblement, de ruser enfin avec les nécessités les plus impérieuses du mouvement constitutionnel ?

Cependant nous commençons à croire à une solution qui sera prochaine, non pas seulement parce qu'acculé aux dernières limites des ajournemens, on se voit poussé à bout pour aviser enfin à l'ouverture des chambres, mais aussi par suite peut-être de la profonde sensation que la démonstration politique dont Rouen vient d'être le théâtre a causée, nous ne dirons pas à la presse indépendante de la capitale, cela se conçoit de reste, mais aussi et surtout en très-haut lieu, où l'on n'y paraissait nullement préparé.

Effectivement, avec quelque réserve que l'esprit de courtisanerie ait dû procéder pour faire arriver au château la relation de ce qui s'était passé à Rouen, le château, nous en sommes certains maintenant, possède des renseignemens assez exacts et assez circonstanciés sur les diverses phases du séjour de M. Laffitte à Rouen, et le château en est frappé de stupeur, il en est consterné au dernier point. La vérité, par rapports officiels, s'y est fait jour, et cette vérité est d'une énergique et accablante éloquence pour les familiers de la cour qui l'ont entendue , car elle s'y est formulée en ces termes qu'aucune subtilité de langage n'aurait pu travestir, à savoir que l'opposition de Rouen, c'est maintenant la ville tout entière.

Oui, il a bien fallu faire savoir à la cour que le progrès de l'opposition ici était bien autrement significatif, bien autrement vaste , bien autrement général , que ne devait l'indiquer le simple résultat des élections.

En effet, en 1834, sur les trois députés que la ville de Rouen envoie à la chambre , deux appartenaient aussi à l'opposition , et c'étaient précisément les deux mêmes députés qu'aujourd'hui. Alors aussi, M. Laffitte était venu porter ses remercîmens aux électeurs qui l'avaient conservé à la députation ; alors, également , un magnifique banquet lui avait été offert, banquet dont le chiffre des convives (500) était véritablement extraordinaire pour le tems.

Mais quelle différence pourtant entre les deux époques, entre les deux démonstrations !

En 1834 , c'était en quelque sorte un acte de courage civique de la part des électeurs qui s'étaient rendus au banquet de M. Laffitte. Il nous est même revenu qu'un créancier avait fait mettre en faillite un petit marchand qui avait commis le crime d'aller fraterniser avec les hommes qu'en certain lieu on dénonçait comme fauteurs d'émeute et d'anarchie , comme des buveurs de sang. Et nous n'avons pas besoin de rappeler qu'aucun fonctionnaire public, même d'entre les plus inamovibles, n'aurait osé s'y montrer même enveloppé d'un manteau.

Eh bien! cette fois, qu'avons-nous vu? Le président de la réunion électorale, le président du banquet, quel était-il? Un président de cour royale. A gauche de M. Laffitte, à table, qu'y avait-il? Un conseiller à la cour royale. Une place plus loin que remarquait-on? Un adjoint de M. le maire de Rouen. Les autres places de la table de M. Laffitte, par qui étaient-elles occupées? Autour des autres tables où se pressaient huit cents électeurs, que voyait-on çà et là? Un lieutenant-colonel de la garde nationale, des conseillers municipaux, des membres du barreau, presque tout le corps médical, les négocians, les banquiers, les fabricans, les manufacturiers les plus éminens de la ville et des vallées environnantes.

Et quelle admirable tenue de toute cette masse de citoyens! Quel enthousiasme, quels transports, quelles acclamations! et au milieu de tout cela, quelle dignité, quelle régularité, quel ordre! Certes, notre ville entière pouvait-elle d'une manière plus solennelle prouver qu'elle acquiesçait pleinement et sans réserve au choix de l'urne électorale, et qu'elle avait bien conscience de toute la portée politique de la nomination de M. Laffitte?

Assurément il ne serait pas possible de prétendre avec quelque pudeur qu'il y a eu surprise soit dans l'élection, soit dans la démonstration qui vient de la couronner.

On a vu ici de près ces hommes de l'opposition dont on n'avait éloigné l'esprit de notre population qu'en en faisant des épouvantails; on les a vus, et on les a aimés pour leurs personnes et leurs principes; car ils ont montré leurs principes tels qu'ils sont. On ne saurait les accuser d'avoir cherché à capter la confiance de nos électeurs, en dissimulant leurs principes, leurs sentimens et leurs croyances, sous un vain étalage de préoccupations d'intérêts locaux et matériels.

Ils ont, il est vrai, fait voir combien vive et continuelle était leur sollicitude pour les intérêts même les plus spéciaux de notre localité. Mais ils ont dit surtout comment dans leur cœur et dans leur esprit l'intérêt général dominait tous les intérêts particuliers, comment le soin des intérêts matériels ne se séparait jamais chez eux de l'intérêt moral du pays. Ils n'ont point caché leur foi politique, ils l'ont étalée à tous les yeux. Sans y être provoqués, lorsqu'ils n'avaient qu'à répondre à ce qu'on leur demandait, ce sont eux qui ont amené les discussions sur le terrain de la politique générale ; ils ont dit leur sentiment intime sur la guerre, sur 93, sur toutes les grandes questions vitales du jour et de l'époque. Et ce sentiment a été trouvé par tous si beau, si noble, si pur, si sage, si exemplaire, qu'unanimement toute notre population intelligente et laborieuse leur a battu des mains, et qu'ils ont excité des émotions qui allaient jusqu'aux embrassemens et aux larmes.

Voilà ce qui a été rapporté, voilà ce qui ne pouvait pas n'être point rapporté au château. Aussi y a-t-il eu, comme nous le disions, un désappointement des plus poignans. Mais si ce désappointement devait rester stérile, s'il ne devait conduire qu'à des emportemens de dépit, si la leçon de cette démonstration, peut-être inouie dans les fastes de notre histoire nationale, devait être perdue pour la cour, il faudrait la plaindre, mais voilà tout. Car il n'y a pas à désespérer de l'avé-

nement définitif du règne des libertés représenta-
tives, chez un peuple où l'intelligence des droits
et des questions politiques est arrivée à ce degré
de clarté et d'intensité dans le sein des populations
les plus intéressées à l'ordre et à la conservation.

ROUEN. IMPRIMERIE DE D. BRIÈRE, RUE SAINT-LO, N° 7.